NOUVELLE BIBLIOTHÈQUE JUNIOR

Susie Morgenstern

Punition au chocolat

Cornelsen

Pour Luc Battieuw

Vous avez sûrement entendu le mot « alcoolique », et peut-être aussi « workaholique », dit de quelqu'un qui travaille trop. Moi, je suis une « chocoholique », ce qui indique une personne qui se nourrit physiquement et spirituellement de ce mets fabriqué par des dieux, des déesses et des multinationales.

Comment cela se traduit dans la vie de tous les jours ? Par des quantités massives de chocolat. Il n'y a pas de synonyme pour « chocolat » : le chocolat est le chocolat et c'est tout. Je vous préviens donc – et j'espère que vous n'allez pas avoir une crise de foie en lisant – que, puisqu'il s'agit de chocolat, le mot va revenir sans fin dans ce récit que j'écris pour vous, Monsieur le principal de mon collège. Je vais vous dire en toute honnêteté et sans censure pourquoi j'ai commis ce crime...

Commençons par le début : je suis née. Rien d'original, c'est le début de nous tous. Ma mère n'a pas pu me nourrir au sein, il me semble qu'elle n'avait pas de lait. Je trouvais inesthétique le biberon en plastique avec sa tétine en caoutchouc. La seule façon de me faire avaler le liquide infect était d'y ajouter une poudre magique au chocolat. C'est à partir de là que je suis devenue accro. C'est la faute de ma mère !

Plus tard, on me récompensait pour avoir mangé la soupe de légumes en me donnant une dose de chocolat. Chaque plat censé me faire grandir et consolider mes os devait être obligatoirement suivi d'une miette de chocolat. En me promettant du chocolat, on arrivait à me faire avaler les plats les plus dégoûtants : épinards, salsifis, courgettes, betteraves, asperges, artichauts, choux de Bruxelles et toutes sortes d'animaux sacrifiés pour mon assiette.

À la cantine, on ne connaissait pas le marché que j'avais avec mes parents. Je mangeais tout, en sachant que ma mère avait soigneusement placé une barre de chocolat dans mon cartable. Je portais toujours des vêtements avec des poches, et dans chaque poche était caché un délice au chocolat. Je me récompensais pour une bonne réponse en classe, pour avoir survécu à la journée d'école, pour avoir fait mes devoirs. Le chocolat était la rançon de la vie ! Le chocolat était présent au petit-déjeuner, au déjeuner et au dîner. Pas besoin de préciser la composition des goûters et des grignotages ! Le chocolat est ma façon d'éprouver le plaisir de vivre.

Quand j'allais dormir chez une copine, j'apportais de quoi nous gaver pendant toute la soirée. Dans ce but, je dépensais tout mon argent de poche et les sous offerts pour les anniversaires et les fêtes. Plus tard, j'ai commencé à gagner de l'argent en gardant des enfants et en faisant des tâches pour les voisins. « Il faut avoir un but dans la vie ! », m'a dit ma grand-mère. Et si mon but est de me garder à flot en matière de chocolat, c'est quand même un but !

J'ai de la chance de ne pas être grosse. En fait, je suis maigre comme une feuille de papier. Je n'ai pas de complexe au sujet de ma maigreur, c'est à la mode. Toutes les boulottes du collège sont envieuses, mais franchement, je ne trouve pas ça très beau. Ça ne me dérange pas mais j'aimerais mieux avoir quelques rondeurs, surtout à la poitrine qui, chez moi, est plate comme... une tablette de chocolat. Je peux manger sans conséquence tout le chocolat de la terre.

Je connais d'ailleurs toute l'histoire du chocolat, tous les pays producteurs, le goût des différentes sortes de chocolat selon la provenance, mais je ne sais pas si vous vous intéressez à tout cela. Je vous épargne donc un exposé sur la fabrication du chocolat. C'est mieux de toute façon de penser qu'il descend des cieux comme les anges et le père Noël.

Au collège, je ne sais pas si les professeurs faisaient attention à mes grignotages, avant de tomber sur cette prof de maths que j'appelle Cruella. C'est simple : les maths me détestent et tous les profs de maths sont d'accord avec ce jugement. Il se fait que j'ai encore plus besoin de ma drogue en cours de maths qu'ailleurs. Je croquais subtilement des boules de chocolat chaque fois que la prof avait le dos tourné. Jusqu'au jour fatal…

Bon, il n'y a pas que le chocolat dans ma vie. Il y a les copines, les autres matières (je suis plutôt bonne élève et j'adore lire), ma famille, la danse, le cinéma, la musique, et les rêves d'amour. Ces rêves d'amour se sont matérialisés dans la personne du plus beau garçon du monde et de mon collège : Anatole. Ce n'est pas un simple collégien, c'est un dieu ! On le nomme « l'intello », mais ça ne me dérange pas, j'ai du respect pour l'intelligence. Il a mon âge, mais deux ans d'avance. Il n'a pas une beauté canonique, il n'est pas moche non plus. Il me plaît, et je ne suis pas la seule. Le seul problème sur le chemin du parfait amour, c'est qu'il n'est pas au courant que j'existe.

C'est pour cela que j'étais drôlement contente de me trouver dans votre salle d'attente, Monsieur le principal, sur le même banc qu'Anatole. Enfin, contente, c'est beaucoup dire. C'est la première fois que j'étais expulsée de ma classe et propulsée chez vous pour faute grave : j'avais été prise en flagrant délit de – manger du chocolat ! Ce n'était pas agréable d'être dans la peau d'une criminelle. Et j'avais peur !

Comme vous le savez bien, Monsieur le principal, notre collège est une sorte de collège « modèle » suivant l'exemple des écoles pour élèves à problèmes aux États-Unis. Les pédagogues de ces écoles difficiles ont découvert qu'une politique de sévérité extrême s'avère la plus efficace. Il y a donc chez nous des règlements stricts. D'abord, on porte des uniformes : jupe plissée bleu marine et chemise blanche pour les filles, pantalon de la même couleur et chemise blanche pour les garçons, cravate à rayures rouges pour tout le monde. Le pire, ce sont les mocassins et les socquettes. Mais bon, cela évite les décisions chaque matin. Cet uniforme doit être impeccablement propre et repassé. Sinon...

Ce n'est pas tout. Nous avons tous signé un contrat d'obéissance au règlement. Je dois avouer que j'ai signé sans le lire. Ceci dit, je ne peux pas proclamer mon innocence car même sans l'avoir lu, je sais que nous n'avons pas le droit de manger en classe. Une fois, une prof sadique a demandé à une fille de cracher son chewing-gum dans sa main. Ensuite, la prof l'a collé dans ses cheveux.

Je ne suis pas contre les lois de votre établissement. Je suis plutôt satisfaite de cette école. Nous avons obtenu les meilleurs résultats de tout le pays. J'ai envie de réussir ma vie, d'étudier, de faire un métier passionnant, d'avoir toutes mes chances et bla-bla-bla.

Je sais qu'il ne faut pas manger en classe. J'ai vu un film américain dans lequel les élèves viennent en classe avec d'énormes sachets de chips, des hamburgers, des boissons géantes. On aurait dû appeler le film *Le Lycée des ogres*. Ils portent des tee-shirts XXXXXL, leur chair déborde de partout, ils sont sans gêne. Ils n'ont pas de limites, rien ne les arrête. Je n'aimerais pas vivre chez eux.

Mais je considère qu'un carré de chocolat de temps en temps, discrètement dans la bouche, sans mastiquer, sans ostentation, ce n'est pas vraiment MANGER en classe. Je ne suis pas en train de croquer des chips à pleines dents. Pour moi, le chocolat est aussi nécessaire que l'oxygène.

Justement, je sens un besoin impératif monter en moi. C'est ça, une addiction : il te le faut tout de suite, c'est un besoin absolu. Je pense au « poème » que j'ai écrit :

Le chocolat était derrière la vitrine
Le chocolat avait si bonne mine
Le chocolat m'a dit coucou
Y avait de quoi devenir fou
Le chocolat se reposait en paix
Le chocolat, le chocolat, oui, mais...
Le chocolat était tellement mimi
J'ai cassé la vitre et je l'ai englouti
verschlingen

Ma sœur ne partage pas ma passion et ne me comprend pas. Ce qui l'excite, elle, ce sont les fringues. Elle passe des journées avec ses copines à faire du shopping, surtout pendant les soldes. Et là, c'est la chasse aux trésors. Elle déniche telle jupe et tel pantalon et tel pull pour un prix qui est à peine plus que rien. Elle passe des heures dans la salle de bains à se maquiller, se vernir les ongles des pieds et des mains (interdit dans mon école). Elle est au lycée et chaque fois qu'elle sort de chez nous, elle ressemble à un top modèle. J'aime bien voir comment elle va s'habiller tous les jours, comment elle va se coiffer, se chausser. J'aime ma sœur, il n'y a pas de problème. Elle me prêterait volontiers ses trésors. Je partagerais mon chocolat, mais ses froufrous et fronces ne m'intéressent pas plus que le chocolat ne l'intéresse.

Je ne suis pas snob comme les gens qui ne mangent pas du chocolat à moins de 76% cacao, noir intense. Moi, pourvu qu'il y ait un petit goût chocolaté, c'est bon. Mais quand on écrit sur le paquet « chocolat aux noisettes », je m'attends à trouver des noisettes, ce qui n'était pas le cas dans le chocolat Medusa que j'ai acheté avec mes dernières économies.

J'ai mangé toute la tablette pour en avoir le cœur net. La photo sur le paquet montre des noisettes impeccables. Mais vraiment, pas une seule noisette dans les cent grammes que j'ai mangés.

J'ai donc écrit au fabricant :

Votre chocolat Medusa est une consolation et un soutien. Mais quand on achète toute une tablette avec la promesse de noisettes enrobées de votre chocolat exquis, quelle déception de ne pas en trouver une seule dans toute la plaquette !

Il y a tant de peines et de pénuries – le pétrole, le travail, les sous – faut-il ajouter à la liste les noisettes dans une tablette de Medusa ? Pas une seule, il a fallu que je mange toute la tablette pour faire ce constat lugubre ! Maintenant, je n'ai plus confiance en rien !

Ce n'est pas seulement Medusa qui est remis en question, mais la réputation de l'excellence suisse tout entière.

J'ai écrit dans l'intérêt collectif et certainement pas pour obtenir des gains personnels. Quelle a été ma surprise en rentrant de l'école de trouver un carton entier de Medusa, cette fois, espérons-le, avec des noisettes. Cela m'a permis de faire de grosses économies. J'avais un stock, dont j'ai offert généreusement une partie à Anatole en vous attendant sur le banc, Monsieur le principal.

Et comme presque tous les plaisirs, c'est mieux à deux ! Quand je suis frappée d'un besoin impératif de chocolat, je suis contente d'avoir quelqu'un à proximité pour participer à mon orgie. Et quand c'est l'homme de mes rêves, même si je ne suis pas la femme de ses rêves et que nous attendons notre exécution, c'est doublement bon.

Anatole a pris le carré automatiquement. Il a chuchoté « merci » sans me regarder.

– Qu'est-ce que tu as fait pour mériter ce banc ? je me sentais le droit de lui demander.

– Exactement ça ! J'ai mangé du chocolat en classe. C'est ma méthode pour combattre le stress pendant une interro.

– Toi aussi ?!

– Et toi ?

– Même chose. J'ai mangé sagement, silencieusement du chocolat en classe.

– Quel cours ?

– Maths !

– Avec qui ?

– Bidet !

– Oh la vache ! C'est la pire des vaches ! Je l'ai eue.

– On est cuits !

En ouvrant la porte, vous, Monsieur le principal, auparavant inoffensif, sembliez tout d'un coup menaçant et dangereux. Je ne savais pas pourquoi. Il n'y avait pas mort d'homme, pas de violence, pas d'agressivité, pas d'insolence. Anatole est réputé comme étant un bon élève et moi, je ne suis pas trop nulle. Tout ce que l'on a fait, c'est manger gentiment du chocolat, une drogue certes, mais une drogue douce, écologique et pacifique. Selon certaines études, le chocolat est bon pour la santé. C'est un anti-dépresseur notoire, anti-cancer, avec des propriétés préventives cardiovasculaires.

Vous avez aboyé : « Mademoiselle Chaumont !!!!!! » C'est moi, Charlotte Chaumont, prédestinée à aimer le chocolat. (D'ailleurs, mon père m'appelle Charlotte Choco Chaumont.) J'espérais entrer dans le bureau avec Anatole, mais non, Monsieur Audibert, vous aviez envie de faire la morale deux fois pour le même crime.

C'était désagréable et effrayant. Qu'est-ce que vous alliez décider comme punition ? J'ai lu *La Guerre des chocolats* de

Robert Cormier. Ce livre raconte le bizutage impitoyable d'un garçon aux mains de brutes qui le forcent à grossir de dix kilos pour être membre de leur société des imbéciles. Et il se gave de chocolat. C'était pénible pour moi de voir mon chocolat chéri devenir une arme dangereuse.

Plus émouvant est *Charlie et la chocolaterie* de Roald Dahl. Charlie est tellement pauvre que le seul cadeau d'anniversaire dont il rêve est une barre de 20 grammes de chocolat. Au lieu de mettre ce petit morceau dans sa bouche comme je l'aurais fait, il le croque, minuscule miette par infinitésimale miette, étalant le plaisir sur plusieurs semaines. Je l'ai tant admiré. Si je montrais une telle volonté, Monsieur Audibert, m'admireriez-vous ?

Vous avez fermé la porte et m'avez faite asseoir, le regard grave et sévère. Je sais d'expérience qu'il existe des gens totalement dépourvus d'un sens de l'humour, et – je regrette de vous le dire – avec vous, je suis tombée sur l'un de ces êtres pitoyables. J'ai eu envie de vous offrir un carré ou deux pour vous adoucir, mais j'ai senti qu'un homme tel que vous n'est pas un chocolatophile, comme l'a bien montré notre conversation :

– Vous savez, je présume, de quoi il s'agit.

– Oui, Monsieur, j'ai une faiblesse pour le chocolat.

– Vous avez désobéi à notre règlement.

– Je suis désolée. Je n'en suis même pas consciente.

– C'est grave. Il faut se maîtriser dans la vie.

– Je vais essayer, Monsieur Audibert.

– Comme c'est votre première offense, la punition sera légère. Vous allez m'écrire comment vous en êtes arrivée à violer nos lois.

– D'accord, Monsieur. Une page ?

– Pas moins de dix pages !

– Et mes devoirs, Monsieur ?

– Fallait y penser avant. Vous pouvez disposer.

En sortant, j'ai regardé Anatole droit dans les yeux en espérant avoir préparé le terrain pour lui. Vous aviez déversé votre petite rage sur moi et ainsi, elle serait diluée pour Anatole qui a l'air fragile et sensible.

Nous ne sommes pas dans cette école parce que nous sommes des enfants à problèmes. Nous y sommes comme tous vos élèves à cause de sa réputation et aussi à cause de nos parents ambitieux et désireux de nous offrir la meilleure éducation.

Je suis restée sur le banc comme pour protéger Anatole. Il est sorti trois minutes après, et nous avons marché ensemble dans les couloirs du collège.

– Tu as eu quoi comme punition ?

– Il m'a tapé sur les doigts, m'a fouetté les féfesses, m'a jeté des pierres et m'a fait une décharge électrique sur les parties intimes.

– C'est tout ?

– Et il m'a dit de ne plus jamais manger de chocolat en classe parce que la prochaine fois, ce sera une fusillade ou une pendaison après amputation.

– Il t'a demandé les dix pages d'explications ?

– Pour moi, ça aurait été pire que la mutilation chimique ! Pourquoi ? À toi, il a demandé un texte ? Quelle horreur !

– Quelle injustice !

Je ne suis pas malheureuse qu'Anatole n'ait pas eu de punition, mais pourquoi moi ? Je pense qu'un bon pédagogue doit inculquer et personnifier la justice. Alors, pourquoi moi et pas lui ?

Le chocolat peut vous aider, je vous le conseille, Monsieur le principal. Trouvez un endroit calme où vous pouvez vous concentrer. Prenez un morceau assez gros pour pouvoir juger vous-même. Regardez-le : sa couleur, sa patine. Sentez-le. Mettez le morceau sur votre langue, puis croquez, observez comment ces fragments rendent la vie douce et délicieuse. Peut-être que cela pourrait aussi aider à comprendre les maths.

– Tu l'as vraiment échappé belle ! j'ai dit à Anatole.

– C'est peut-être le contraire... Toi, tu vas pouvoir analyser ton addiction, et moi, je vais continuer bêtement à croquer idiot.

– Si c'est comme ça, je te cède ma punition.

– Et si on allait parler de tout ça devant un chocolat chaud ?

Puisque c'était de toute façon la fin des cours, nous sommes allés alimenter notre passion criminelle.

Devant nos chocolats chauds, Anatole m'a dit : « L'empereur aztèque Montezuma a bu, tous les jours de sa vie, 50 gobelets en or de chocolat chaud. Il était épais, teinté de rouge et parfumé aux piments rouges. »

N'est-il pas adorable, Monsieur le principal ? Sublime ? Génial ? Tous ces faits, ces petits détails historiques me rendent heureuse, et quand il s'agit de chocolat, encore plus !

– On devrait faire un livre de recettes au chocolat. Demander à tous les élèves de participer et même le vendre pour financer notre voyage à Rome, j'ai dit.

Vous voyez, Monsieur le principal, je suis quelqu'un d'entreprenant qui se soucie du bien-être général et du prestige de son école.

Nous avons commencé par la recette du chocolat chaud qu'Anatole a notée sur une feuille A4.

Il te faut :
75 g de chocolat en plaquette
20 cl de lait
20 cl de crème liquide
2 cuillérées de sucre en poudre
Casse le chocolat en morceaux, mets-les dans une casserole, ajoutes-y le lait, la crème liquide et le sucre. Fais chauffer le mélange trois minutes en remuant.

Nous avons bu le chocolat, puis on est allés chez Anatole pour taper et imprimer la recette et pour rédiger un appel aux autres élèves afin qu'ils nous envoient des recettes.

Le lendemain, nous avons distribué l'appel à tout le monde et une semaine après, nous avions recueilli 100 recettes : moelleux au chocolat, mousses, truffes, tartes, muffins, cakes, gâteaux, fondants, crumbles, soufflés, macarons, brownies, cookies, glaces, éclairs, galettes. Comme tout ce que nous avions reçu était sucré, on n'a pas cherché à ajouter des recettes salées au chocolat comme le poulet mexicain.

Anatole et moi avons rassemblé toutes les recettes et fabriqué le livre. Il s'appelle *La Vie en chocolat*. Un des parents, imprimeur, nous l'a tiré. Vous pouvez vous le procurer pour 15 euros et j'espère bien que vous allez faire ce geste en faveur de notre projet.

Comme vous voyez, Monsieur le principal, et selon la théorie de ma grand-mère qui dit que les pires catastrophes peuvent être des mines d'or, notre crime a permis la rencontre de deux chocoholiques, Anatole et moi. Notre rencontre a fait que le livre est né. Il s'est vendu à 200 exemplaires, aidant les moins riches à faire le voyage à Rome. Et la punition s'est transformée en récompense.

Je ne peux pas vous dire honnêtement que j'ai arrêté de manger du chocolat à l'école, mais entre vous et moi, un morceau de chocolat de temps en temps, ça aide dans la vie. J'ai appris à le faire subtilement, discrètement, en cachette. Jusqu'à la prochaine fois...

Monsieur le principal, je vous laisse avec les paroles d'un de mes auteurs préférés, Roald Dahl :

> *Si j'étais directeur d'école, je me débarrasserais du professeur d'histoire et je le remplacerais par un professeur de chocolat ; mes élèves étudieraient au moins un sujet qui les concerne tous.*

Et puis cet auteur que nous avons étudié en classe, François de La Rochefoucauld :

Aimez le chocolat à fond, sans complexe ni fausse honte, car rappelez-vous : Sans un grain de folie, il n'est point d'homme raisonnable.

Susie Morgenstern est née dans un pays où on pense qu'une seule langue suffit. Elle le regrette ! Elle n'a jamais appris le français, sa langue d'écriture, ni l'allemand ni rien, mais heureusement que le mot « chocolat » est pratiquement universel.

Elle a quitté ses États-Unis d'Amérique natals pour un bonhomme qui lui a permis de changer son nom de jeune fille Hoch pour devenir la céleste Morgenstern. Elle vit en France, à Nice, avec le sentiment qu'elle ne pourrait jamais vivre sans la mer devant les yeux. Elle est deux fois mère et quatre fois grand-mère. Elle aime passionnément sa maternité, sa grand-maternité, sa féminité, l'amitié et... le chocolat. Elle n'a pas mis « écriture » sur la liste parce que cela va sans dire, comme « respirer », « vivre », « aimer » et « LIRE ».

Mais elle va le dire quand même : un jour sans écrire est un jour sans oxygène et sans pain. (Elle aime le pain aussi, le bon pain français, riche et succulent, de son boulanger préféré qu'elle a découvert en quittant Belleville dans le New Jersey.)

Veuve, elle a trouvé un nouvel amoureux en surfant sur Internet, un amoureux qui vient fatalement du pays du chocolat suisse. Elle l'a sûrement fait exprès !

Nouvelle Bibliothèque Junior

Susie Morgenstern • **Punition au chocolat**

Herausgeber	Thilo Karger, Klaus Mengler
Vokabelannotationen	Thilo Karger
Verlagsredaktion	Corinna Martin-Werner
Weitere Mitarbeit	Anne Lapanouse
Gesamtgestaltung und technische Umsetzung	Buchgestaltung+, Berlin
Umschlagfoto	iStockphoto: © nuno

www.cornelsen.de

1. Auflage, 1. Druck 2011

Alle Drucke dieser Auflage sind inhaltlich unverändert und können im Unterricht nebeneinander verwendet werden.

Druck: CS-Druck CornelsenStürtz, Berlin

ISBN 978-3-06-023304-5

Inhalt gedruckt auf säurefreiem Papier aus nachhaltiger Forstwirtschaft.

Vocabulaire

Punition au chocolat

A

aboyer bellen

accro süchtig

l'**addiction** *f.* die Abhängigkeit

adoucir besänftigen

afin que damit

ailleurs anderswo

alimenter Nahrung geben

ambitieux/-euse ehrgeizig

l'**ange** *m.* der Engel

l'**antidépresseur** *m.* *Medikament gegen Depression*

l'**arme** *f.* die Waffe

l'**artichaut** *m.* die Artischocke

les **asperges** *f. pl.* der Spargel

faire **asseoir** Platz nehmen lassen

auparavant zuvor

avaler (herunter-)schlucken

avoir deux ans d'**avance** zwei Jahre weiter sein

s'**avérer** sich erweisen als

B

la **barre de chocolat** der Schokoriegel

la **betterave** die Rübe, die Rote Bete

le **biberon** das Babyfläschchen

le **bizutage** *Brauch an (Elite-)Schulen, Neulinge lustigen oder rüden Ritualen oder Mutproben zu unterziehen*

la **bouche** der Mund
la **boule** die Kugel
la **boulotte** die Rundliche, die Dicke
aux mains de **brutes** in den Händen von brutalen Kerlen

C

en **cachette** heimlich
la beauté **canonique** die klassische Schönheit
cardiovasculaire die Herzkranzgefäße betreffend
le **carré de chocolat** das Stück Schokolade
le **cas** der Fall
la **casserole** der Kochtopf mit Stiel
céder abtreten, überlassen
la **censure** die Kontrolle
certes gewiss
la **chair** das Fleisch
se **chausser** Schuhe anziehen
la **chocolaterie** die Schokoladenfabrik
le/la **chocolatophile** der/die Liebhaber/in von Schokolade
les **choux** *m. pl.* **de Bruxelles** der Rosenkohl
chuchoter flüstern
les **cieux** *m. pl.* die Himmel
cl (= le centilitre) der Centiliter (= 0,01 Liter)
se **coiffer** sich frisieren
combattre bekämpfen
commettre begehen
concerner betreffen, angehen
avoir **confiance** Vertrauen haben
conscient/e bewusst
la **consolation** der Trost
consolider festigen

le **constat** die Feststellung
le **contrat** der Vertrag
le **couloir** der Gang
être au **courant** auf dem Laufenden sein
la **courgette** die Zucchini
la **crème** die Sahne
croquer knabbern
croquer à pleines dents herzhaft hineinbeißen
le **crumble** *süße oder herzhafte Speise mit Streuseln*
On est **cuits!** Wir sind erledigt!

D

d'ailleurs übrigens
se **débarrasser** sich entledigen
déborder überquellen
la **déception** die Enttäuschung
la **décharge** die Entladung
la **déesse** die Göttin
le **délice** die Köstlichkeit
dénicher auftreiben
dépourvu/e ohne
déranger stören
désireux/-euse begierig
déverser ausschütten
dilué/e verdünnt
Vous pouvez **disposer.** Sie können sich entfernen.
la **dose** die Dosis
doux/douce sanft, weich

E

l'échapper belle ungeschoren davonkommen
l'**éclair** *m.* **au chocolat** *Gebäck mit Schokoladenfüllung und -glasur*
les **économies** *f. pl.* die Ersparnisse
efficace wirksam

effrayant/e erschreckend
émouvant/e bewegend, rührend
encourager ermutigen
engloutir verschlingen
enrobé/e umhüllt
entier/-ière ganz
entreprenant/e unternehmungslustig
envieux/-euse neidisch
épais/se dickflüssig
épargner ersparen
les **épinards** *m. pl.* der Spinat
éprouver empfinden
l'**établissement** *m.* die Anstalt
étaler ausdehnen
l'**excellence** *f.* die hervorragende Qualität
expulser ausschließen, hinauswerfen

F

de toute **façon** jedenfalls
la **faiblesse** die Schwäche
en **faveur de** zugunsten
les **fêfesses** *f. pl.* der Hintern
en **flagrant délit** auf frischer Tat
se garder à **flot** flüssig bleiben
la crise de **foie** akute Leberbeschwerden
la **folie** die Verrücktheit, der Wahnsinn
à **fond** voll und ganz
le **fondant** *ein im Mund zergehender Schokoladenkuchen*
forcer zwingen, nötigen
fouetter peitschen
fragile zart
franchement ehrlich gesagt
être **frappé/e** erfasst werden, ergriffen werden
les **fringues** *f. pl.* die Klamotten

les **fronces** *f. pl.* die (Stoff-)Falten

les **froufrous** *m. pl.* die Rüschen

la **fusillade** die Erschießung

G

le **gain** der Gewinn

la **galette** *flacher, runder Kuchen*

se **gaver** sich vollstopfen

géant/e riesig

sans **gêne** ungeniert

généreux/-euse großzügig

le **gobelet** der Becher

le **goûter** die Kaffeestunde am Nachmittag

le **grain** das Korn

grave ernst

le **grignotage** die Knabberei

H

la **honte** die Scham

I

impeccable untadelig

impératif/-ive zwingend

imprimer drucken

inculquer vermitteln, einhämmern

indiquer bezeichnen

infect/e widerlich

infinitésimal/e unendlich klein

l'**injustice** *f.* die Ungerechtigkeit

inoffensif/-ive harmlos

l'**insolence** *f.* die Frechheit

l'**intello** *m.* die Intelligenzbestie

J

juger urteilen

L

la **loi** das Gesetz

le **liquide** die Flüssigkeit
lugubre finster

M

le **macaron** die Makrone
se **maîtriser** sich beherrschen
se **maquiller** sich schminken
le **marché** die Abmachung
mastiquer kauen
se **matérialiser** Gestalt annehmen
le **mélange** das Gemisch
menaçant/e bedrohlich
mériter verdienen
le **mets** die Speise
la **miette** das Stückchen
mimi niedlich, süß
avoir bonne **mine** gut aussehen
la **mine d'or** die Goldmine
minuscule winzig
le **moelleux au chocolat** *Schokoladenkuchen mit flüssiger Schokolade im Inneren*
faire la **morale** eine Strafpredigt halten
la **multinationale** der multinationale Konzern
la **mutilation** die Verstümmelung

N

avoir le cœur **net** ganz sicher sein, Gewissheit haben
la **noisette** die Haselnuss
notoire notorisch, bekannt
(se) **nourrir** (sich) ernähren

O

l'**obéissance** *f.* der Gehorsam

obligatoirement unbedingt, verpflichtend
obtenir erreichen, erzielen
l'**offense** *f.* der Verstoß
l'**ogre** *m.* der Menschenfresser
l'**ongle** *m.* der Finger-/Fußnagel
l'**os** *m.* der Knochen
l'**ostentation** *f.* das Zurschaustellen
l'**oxygène** *m.* der Sauerstoff

P

pacifique friedlich, friedliebend
passionnant/e begeisternd, spannend
la **patine** die Patina, die Beschaffenheit der Oberfläche
à **peine** kaum
la **peine** der Schmerz, das Leid
la **pendaison** das Erhängen
pénible schmerzhaft
la **pénurie** der Mangel
la **pierre** der Stein
le **piment rouge** der Cayennepfeffer, der rote Chili
le/la **pire** der/die/das Schlimmste
pitoyable Mitleid erregend
la **plaquette** die (Schokoladen-)Rippe
le **plat** das Gericht
la jupe **plissée** der Faltenrock
la **poitrine** die Brust
la **poudre** das Pulver
le sucre en **poudre** der Kristallzucker
pourvu que vorausgesetzt dass
prédestiner vorherbestimmen
présumer vermuten

prêter (aus-)leihen
prévenir warnen
préventif/-ive vorbeugend
le **principal** der Direktor
proclamer verkünden
(se) **procurer** (sich) besorgen
propre sauber
la **propriété** *f.* die Eigenschaft
propulser schleudern
la **provenance** die Herkunft
la **proximité** die Nähe
puisque da, weil
la **punition** die Bestrafung

R

la **rage** die Wut
raisonnable vernünftig
la **rançon** die Belohnung
se **rappeler** sich erinnern
rassembler zusammenstellen
à **rayures** gestreift
le **récit** die Erzählung
récompenser belohnen, entschädigen
recueillir (ein-)sammeln
rédiger verfassen
le **règlement** die Schulordnung
remettre en question in Frage stellen
remuer umrühren
repasser bügeln
la **réputation** der Ruf
réussir sa vie Erfolg im Leben haben
François de La **Rochefoucauld** *französischer Schriftsteller (1613–1680), bekannt für seine geistreichen Aphorismen*
la **rondeur** die Rundung

S

le **sachet** die Tüte
sacrifié/e geopfert

sadique sadistisch
salé/e salzig, herzhaft
le **salsifis** die Schwarzwurzel
la **santé** die Gesundheit
satisfait/e zufrieden
le **sein** der Busen
selon gemäß, nach
la **sévérité** die Strenge, die Härte
sinon sonst
la **socquette** das Söckchen
soigneusement sorgfältig
les **soldes** *m. pl.* der Schlussverkauf
se **soucier** sich kümmern
le **soufflé** *ein mit Eiern zubereiteter süßer oder herzhafter Auflauf*
les **sous** *m. pl.* das Geld
le **soutien** die Unterstützung
spirituellement geistig
le **stock** der Vorrat
sublime erhaben, überragend
subtil/e schlau, listig
le **sujet** das Thema
au **sujet de** in Bezug auf
le **synonyme** das Synonym (= Wort mit gleicher Bedeutung)

T

la **tablette (de chocolat)** die Tafel (Schokolade)
la **tâche** die Aufgabe, der Auftrag
tant so sehr
taper schlagen; tippen
teinté/e gefärbt
tel/telle diese/r/s, jene/r/s; solche/r/s
tellement so
tel que so wie
la **tétine** der Sauger, der Nuckel
tirer vervielfältigen, drucken
le **trésor** der Schatz

V

Oh la **vache!**
Donnerwetter!
la **vache** das Miststück
vernir lackieren
violer verletzen
la **vitre** die Scheibe
la **volonté** der Wille
volontiers freiwillig, gerne